수와 연산 편

완전정복 6단계
약수와 배수 Ⅱ 공약수와 최대공약수

(3~5학년)

피타고라스학파를 비롯한 많은 수학자들이 수의 성질을 탐구하기 위해 노력을 기울여 왔습니다. 공약수와 최대공약수는 우리의 일상생활에서 어떻게 활용될까요? 공배수는 끝이 없기 때문에 최소공배수를 구하는 반면, 공약수는 어떤 수든 가장 작은 수가 1이므로 최대공약수를 구하는 것이지요.

--- 수와 연산 완전정복 6단계 목표 ---

- 공약수와 최대공약수가 무엇인지, 또 이것이 실생활에 어떻게 활용되는지 알아야 합니다.
- 약수가 2개뿐인 소수(prime number)와 합성수에 대해 알아야 합니다.
- 소수와 합성수의 성질을 이용하여 소인수 분해를 할 수 있어야 합니다.

1 아래 두 수의 공약수를 구하고, 최대공약수를 찾아 쓰세요.

- 2와 4의 공약수 : _____ ➡ 최대공약수 : _____

- 16과 24의 공약수 : _____ ➡ 최대공약수 : _____

- 45와 60의 공약수 : _____ ➡ 최대공약수 : _____

2 가로 168cm, 세로 112cm인 액자에 가로 84cm, 세로 42cm인 사진을 한가운데에 넣은 뒤 가장자리는 정사각형 타일로 빈틈없이 늘어놓으려고 합니다. 타일의 수를 최대한 적게 사용하려고 할 때, 정사각형 타일은 한 변의 길이를 몇 cm로 해야 할까요?

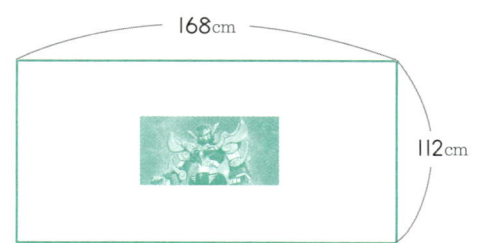

- 풀이 방법 _____

- 정사각형 타일 한 변의 길이 _____ cm

3 다음 수를 보고 소수이면 '소', 합성수이면 '합'을 쓰세요.

- 10 ☐   • 29 ☐   • 43 ☐
- 119 ☐ • 51 ☐   • 11 ☐

4 합성수를 〈보기〉와 같이 소인수분해하여 나타내 보세요.

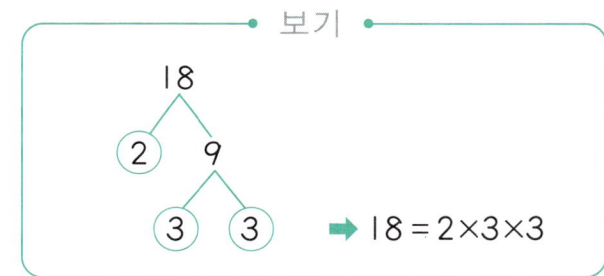

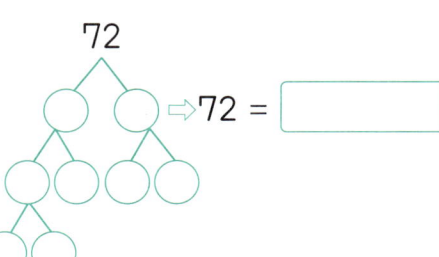

5 보기의 조건을 모두 만족하는 가장 큰 자연수 ◯를 구하세요.

― 보기 ―
① ◯와 80의 최대공약수는 16입니다.
② ◯와 60의 최대공약수는 12입니다.   ③ ◯는 150보다 작은 수입니다.

⇨ _____

6 한 여름이면 우리는 "매앰매앰" 매미 울음소리를 듣게 됩니다. 그런데 일부 매미가 17년, 13년을 애벌레로 사는 이유는 무엇일까요? 소수와 관련지어 생각해 봅시다.

⇨ _____

― 답 ―

❶ 1, 2 ← 2 / 1, 2, 4, 8 ← 8 / 1, 3, 5, 15 ← 15

❷ 가로 42cm, 35cm, 84cm이고, 84의 최대공약수는 7이므로 정사각형 타일 한 변의 길이는 7cm이다. / 7cm

❸ 홀 / 홀 / 홀 / 홀 / 홀 / 홀

❹ 16
2×2×2×2
(2)(2)(4)(2)
　　(2)(2)

39
3×13
(3)(13)

72
2×2×2×3×3
(2)(2)(3)(3)
(4)(2)(9)(3)
　　(8)(9)

❺ ①과 ②에서 최대공약수가 16과 12이며 공통된 수는 150보다 작은 수이다. 따라서 150보다 작은 수 중에 16과 12의 공배수는 48, 96, 144이고, 이중 가장 큰 수는 144이다.

❻ 매미의 애벌레기간 성질인 7년(소수)은 땅속에서의 천적이나 곰팡이 등과 만나게 되는 주기이다. 매미가 17년이라는 소수를 택한 이유는 매미의 땅속 17년이라는 기간 동안 천적들과 만나지 않음으로 종족번식이 유지되게 된다. 이것이 바로 매미가 소수인 7년, 13년, 17년을 애벌레로 지내는 이유이다.

수와 연산 편

완전정복 7단계
분수
(2~6학년)

지금까지는 0과 자연수의 세상에 대해서 공부했습니다. 그러나 세상에는 0과 자연수만으로 표현할 수 없는 수들이 많이 있습니다. 자연수 이외의 수 세상으로 들어가 볼까요?

수와 연산 완전정복 7단계 목표

- 분수는 무엇인지, 분수와 자연수가 어떻게 다른지 알아야 합니다.
- 자연수를 분수로 나타내는 방법을 알아야 합니다.
- 분수의 다양한 개념(부분과 전체로서의 분수, 몫으로서의 분수, 비율로서의 분수)을 이해해야 합니다.
- 분수의 크기를 비교하고 분수의 덧셈, 뺄셈, 곱셈, 나눗셈을 할 수 있어야 합니다.

1 $\frac{1}{2}$이란 무엇일까요? 생각나는 의미를 모두 써 보세요.

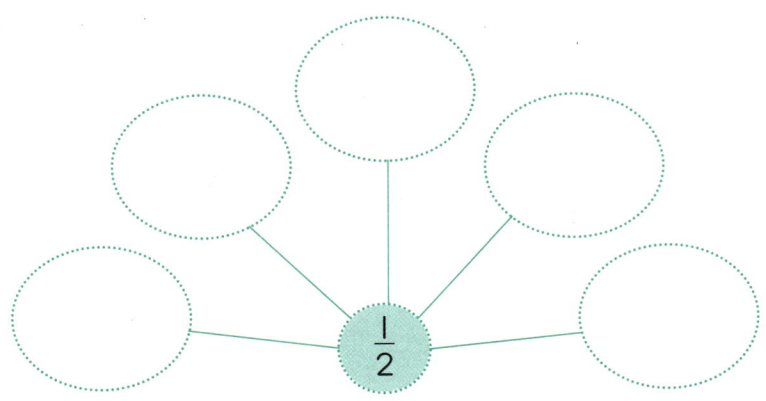

2 민영이는 미술 시간에 색종이 $\frac{2}{3}$를 잘라서 사용했습니다. 나머지는 다음에 사용하기 위하여 '또또상자'에 담았습니다. 민영이가 또또상자에 담은 색종이는 전체의 얼마입니까?

 _____

3 다음 그림을 보고 분수로 나타내 보세요.

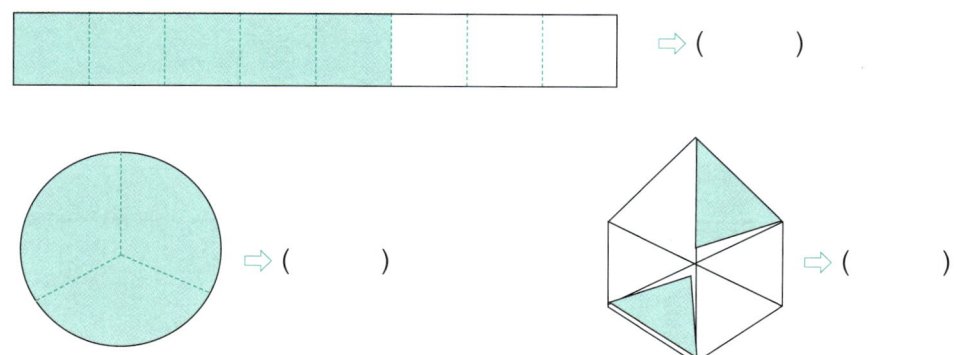

⇨ (　　　)

⇨ (　　　)　　　⇨ (　　　)

4 다음 분수를 이용하여 보기와 같이 문장을 만들어 보세요.

— 보기 —
$\frac{4}{5}$ ⇨ 숙제의 $\frac{4}{5}$ 를 했으니, 조금만 더 하자.

- $\frac{9}{10}$ ⇨ _____
- $\frac{2}{3}$ ⇨ _____
- $\frac{2}{8}$ ⇨ _____

5 다음 분수를 수직선에 나타내고 작은 것부터 차례대로 말해 봅시다.

$$\frac{2}{6}, \frac{2}{3}, \frac{1}{9}, \frac{8}{18}$$

⇨ _____

6 다음 분수를 계산하세요.

• $\frac{1}{5} + \frac{1}{3} =$ ☐   • $\frac{4}{5} - \frac{1}{2} =$ ☐

• $\frac{1}{6} \times \frac{1}{3} =$ ☐   • $\frac{1}{6} \div \frac{2}{3} =$ ☐

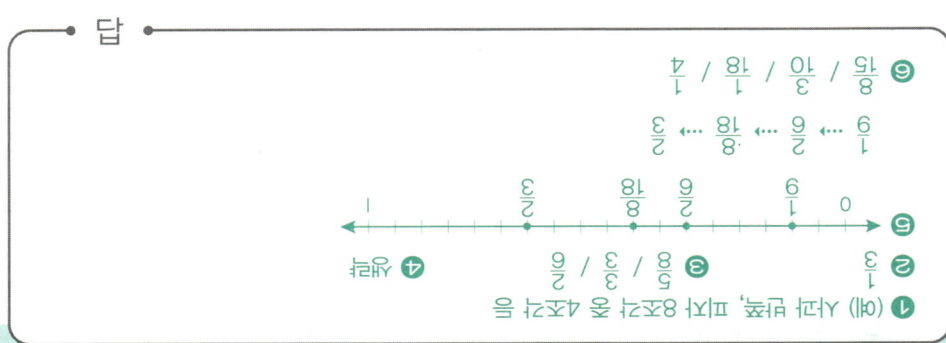

수와 연산 편

완전정복 8단계
소수

(3~6학년)

수의 범위가 점점 넓어지고 있지요? 지금까지 자연수에서 범자연수(0자연수), 분수까지 공부했고, 이번에는 수의 세상을 조금 더 넓혀 소수에 대해 알아봅니다.
사람들은 분수를 사용한 지 3,000년이 지나서야 소수를 사용하게 되었지요. 분수 계산을 할 때 다소 어려움이 따랐기 때문에, 좀 더 쉽고 편리한 소수를 사용하게 된 것이랍니다.

수와 연산 완전정복 8단계 목표

- 소수를 읽고, 쓸 수 있어야 합니다.
- 소수의 자릿값을 이해해야 합니다.
- 소수 사이의 크기를 비교할 수 있어야 합니다.
- 자연수의 사칙연산을 소수의 사칙연산에 적용할 수 있어야 합니다.

1 다음 □ 안에 알맞은 수를 넣으세요.

10의 자리 숫자가 4
1의 자리 숫자가 2
0.1의 자리 숫자가 0   인 수는 ☐ 입니다.
0.01의 자리 숫자가 1
0.001의 자리 숫자가 5

2 소수 0.999와 0.999…는 같은 수일까요? 다른 수일까요?

(같은 수이다, 다른 수이다)

그 이유 ⇨
_____
_____
_____

〈예시〉 만약 $\frac{1}{3}$이 0.333과 같다면 전체를 3등분한 각 부분이 0.333이 된다. 그리고 이것의 합은 0.999가 되어 전체 1보다 작아진다. 따라서 0.333과 $\frac{1}{3}$인 0.333…은 같은 수가 아니다.

3 보기와 같이 ☐ 안에 알맞은 수를 넣으세요.

> 보기
> 0.004의 100배는 0.4 입니다.

- 0.031의 100배는 ☐ 입니다.
- 0.85의 1000배는 ☐ 입니다.
- 825.4의 $\frac{1}{100}$은 ☐ 입니다.
- 0.342의 $\frac{1}{10}$는 ☐ 입니다.

4 ☐ 안에 알맞은 부등호를 넣으시오.

- 0.078 ☐ 0.12
- 1.32 ☐ 0.99
- 0.39 ☐ 0.391
- 4.234 ☐ 4.3

5 덧셈과 뺄셈을 하세요.

```
  0.8            0.58          1.742
+ 0.1          + 0.22        + 4.731
─────          ──────        ───────
```

```
  0.7           0.449         5.275
- 0.2         - 0.247       - 3.548
─────         ───────       ───────
```

6 다음 곱셈에서 잘못된 점을 찾아 바르게 계산하세요.

```
  0.4    ⇨  _____        0.4
×   7       _____      ×   7
─────                              ─────
 0.28
```

```
  4.1    ⇨  _____        4.1
× 0.8       _____      × 0.8
─────                              ─────
  328
  41
─────
 7.38
```

• 답 •

① 42.015
② 다른 수이다. 두 수의 크기를 비교해 보면 0.999 < 0.999⋯0이다. 따라서 크기가 다른 두 수가 같은 수일 수 없다.
③ 3.1 / 850 / 8.254 / 0.0342
④ 〈 / 〉 / 〈 / 〉
⑤ 0.9 / 0.80 / 6.473 / 0.5 / 0.202 / 1.727
⑥ 소수점이 하나로 잘못 찍었다. 2.8 / 4.1×0.8은 0.28이며, 4.1이 거의 그대로 계산됐다. 3.28

수와 연산 편

완전정복 9단계
종합 편 I 생활 속의 소수
(1~6학년)

수학은 인류의 문화유산, 그것도 가장 위대한 문화유산입니다. 자연이 돌아가는 법칙을 연구하는 자연과학, 그리고 인간사회가 돌아가는 법칙을 연구하는 사회과학을 더욱 깊이 있게 연구하는 것이 바로 '수학' 이지요. 그래서 수학은 일상생활에서 자주 접하게 되는 것이랍니다.

─── 수와 연산 완전정복 9단계 목표 ───
- 수학이 우리의 생활 속에서 어떻게 활용되고 있는지, 또 일상생활과 어떤 관계가 있는지 알아야 합니다.
- 우리 생활에서 소수가 이용되는 예를 찾을 수 있어야 합니다.

① 우리는 수와 함께 생활합니다. 그러나 함께 생활하고 있다는 것을 잘 느끼지 못합니다. 마치 공기와도 같지요. 우리가 주변에서 가장 많이 사용하는 수에는 무엇이 있을까요? 5가지만 예를 들어 보세요.

_____ , _____ , _____ , _____ , _____

② 오른손에 500원이 있고, 왼손에 200원이 있다면 700원을 가지고 있는 것입니다. 이때는 어떤 사칙연산이 사용되었을까요? 그렇죠, 덧셈입니다. 지금부터 우리가 일상생활에서 사용하는 사칙연산의 예를 찾아봅시다.

사칙연산	사칙연산이 사용되는 예
덧셈	
뺄셈	
곱셈	
나눗셈	

3 동우는 초등학교 3학년입니다. 주말을 이용해 아버지, 어머니, 그리고 동생(유치원생)과 함께 야구 경기를 보러 갔습니다. 야구 경기장 입장권의 가격이 아래와 같다면 동우네 가족이 입장권을 구입하는 데 필요한 돈은 모두 얼마일까요?

구분	어른	청소년	초등학생	노인(65세 이상)·유아
가격	6,000원	4,000원	2,000원	무료

- 식 _____
- 답 _____

4 소수는 우리 주변에서 흔하게 찾아볼 수 있습니다. 우리 주변에서 볼 수 있는 소수를 찾아보세요.

내가 찾은 수   ⇨   수의 의미

☐   ⇨   _____

☐   ⇨   _____

☐   ⇨   _____

5 신문에서 소수가 사용된 사례를 찾아 스크랩을 해 봅시다. 그리고 소수가 무슨 뜻인지 풀이해 봅시다.

〈신문 오려 붙이기〉

― 답 ―
① (예) 진돗개혈통
② 생략
③ 2×6,000 + 2,000 = 14,000 / 14,000원
④ (예) 0.5L ⇨ 자동 봉투에 담긴 물의 양
⑤ 생략

수와 연산 편

완전정복 10단계
종합 편 II 수와 연산의 오류
(1~6학년)

수학의 아름다움은 바로 '추상성'과 '정확성'이에요. 그래서 계산을 할 때 '정확성'을 갖춰야 하는데 오류가 생길 때가 많지요.
여러 가지 연산을 할 때 여러분이 가장 많이 범하는 오류를 함께 찾아보고, 올바른 계산법도 공부해 보세요.

---— 수와 연산 완전정복 10단계 목표 ———

- 분수와 소수의 사칙연산에서 자주 발생하는 오류의 유형을 알아야 합니다.
- 분수와 소수의 기본 개념과 원리를 바탕으로 오류를 해결할 수 있어야 합니다.

1 다음 수를 바르게 읽었을까요? 바르게 읽지 못했다면 바르게 읽어 보세요.

수	읽기	(○, ×)	바르게 읽기
403	사십삼		
2,304,895	이백삼십만사천팔백구십오		
3,000,003	삼천만삼		

2 다음 계산이 잘못된 이유를 찾고, 바르게 계산하세요.

```
   956        ⇨                              956
 + 328                                     + 328
 ─────                                     ─────
  1384                                      ☐
```

```
  1410        ⇨                             1410
 -  232                                    -  232
 ─────                                     ─────
  1188                                      ☐
```

```
   145        ⇨                              145
 ×  38                                     ×  38
 ─────                                     ─────
  1160                                      ☐
    15
 ─────
  2660
```

3 소하네 집에 친구 3명이 놀러 왔습니다. 소하는 냉장고에서 사과를 꺼내 오른쪽 그림과 같이 4조각으로 나누었지요. "우리 사과를 똑같이 $\frac{1}{4}$씩 나눠먹자."고 말하는 순간 친구들의 표정이 뿌루퉁해졌습니다. 소하는 무엇을 잘못했을까요?

⇨ _____

4 다음 분수의 계산이 잘못된 이유를 찾고, 바르게 계산하세요.

- $\dfrac{2}{5} \times 3 = \dfrac{2}{5} \times \dfrac{1}{3} = \dfrac{2}{15}$

  ⇨ _____
  _____

- $\dfrac{1}{7} \div \dfrac{3}{4} = \dfrac{1}{7} \times \dfrac{3}{4} = \dfrac{3}{28}$

  ⇨ _____
  _____

5 다음 소수의 계산이 잘못된 이유를 찾고, 바르게 계산하세요.

$$\begin{array}{r} 4.2 \\ \times\ 0.7 \\ \hline 29.4 \end{array}$$

⇨ _____
_____

$$\begin{array}{r} 6.4 \\ 5\,\overline{)\,30.2} \\ 30 \\ \hline 20 \\ 20 \\ \hline 0 \end{array}$$

⇨ _____
_____

$$\begin{array}{r} 4.2 \\ \times\ 0.7 \\ \hline \end{array}$$

$$5\,\overline{)\,30.2}$$

• 답

1 ×, 사각형 / ○ / ×, 육각뿔입니다

2 900+300에서 받아내림이 없는데 받아내림이 있는 것처럼 계산했다. 1284 / 받아내림을 했는데 아랫자리 숫자 그대로 내려 썼다. 178 / 145×300에서 5×30의 자리 배열을 잘못했다. 5510 / 16×10 = 160인데, 16으로 자리 배열을 잘못했다. 208 /
나머지 값이 7인데, 0으로 썼다. 3, 90, 7

3 시계를 4시간으로 나누어야 하는데 시계 나누기 다르게 나누었다. $\frac{1}{2}$은 반쪽이 나눈 4조각 중 1개를 의미합니다.

4 3을 곱수 $\frac{1}{3}$로 바꾸어 계산했다. 1$\frac{1}{5}$ / $\frac{3}{4}$를 $\frac{3}{4}$로 바꾸어 계산해야 하는데 그렇게 하지 않았다. $\frac{4}{21}$

5 소수점을 잘못 찍었다. 2.94 / 0.2÷5는 0.04인데, 자릿값에서 0을 쓰지 않았다. 6.04

한국교육과정평가원 최승현 선생님과 함께하는
〈수학전대 매스레인저〉
부록 실전 편

❶ 한국교육과정평가원의 수학 교과 책임자인 최승현 선생님, 현직 교사, 아이들의 눈높이에 꼭맞는 이야기와 그림을 만들어 내는 최고의 작가들이 지난 3년간 함께 만든 초등 수학 동화입니다.

❷ 7차 개정 교육 과정에 따른 주제별 맞춤 학습 시리즈로, 수와 연산, 도형, 측정, 규칙성과 문제 해결, 확률과 통계 등 5개 영역으로 구성되어 있습니다.

❸ 각 장의 끝에 학습 페이지가 있어 아이들이 수학적 개념과 원리를 정확히 이해하고 다양한 방법으로 문제를 풀 수 있도록 꾸몄습니다.

❹ 친구 같은 매스레인저를 응원하며 재미있게 수학 공부를 하다 보면 수학에 대한 긍정적인 태도를 기를 수 있습니다.

❺ 게임과 체험을 통한 수학 문제 해결 과정은 아이들이 주변에서 일어나는 여러 가지 현상과 문제점을 수학과 연결하여 합리적으로 해결하는 능력을 키워 줍니다.

• 시리즈 구성 •

1권 수와 연산Ⅰ · 2권 수와 연산Ⅱ · 3권 도형Ⅰ · 4권 도형Ⅱ · 5권 측정Ⅰ · 6권 측정Ⅱ
7권 규칙성과 문제 해결 · 8권 확률과 통계 · 9권 영재 편Ⅰ · 10권 영재 편Ⅱ

*매스레인저는 mathematics의 'math'와 '레인저'의 합성어입니다.

값 9,500원

ISBN 978-89-94011-10-3
ISBN 978-89-959965-8-4 (세트)

마리북스 주소 서울시 종로구 내수동 75번지 용비어천가 914호 전화 02_2195_5374 · 5375 홈페이지 www.maribooks.com